大方廣佛華嚴經 寫經

54

🪷 일러두기

1. 『사경본 한글역 대방광불화엄경』은 『독송본 한문·한글역 대방광불화엄경』에 수록된 한글역을 사경하는 데 편의를 도모하기 위해 편집을 달리하여 간행한 것이다.

2. 『독송본 한문·한글역 대방광불화엄경』은 실차난타가 한역(695~699)한 80권 『대방광불화엄경』의 한문 원문과 한글역을 함께 수록한 것이다. 한문 저본은 고종 2년(1865) 월정사에서 인경한 고려대장경 『대방광불화엄경』이다.

3. 한글 번역은 동국역경원에서 발간한 한글 『대방광불화엄경』(운허)을 중심으로 하고 『신화엄경합론』(탄허)과 『대방광불화엄경 강설』(여천무비) 그리고 최근의 여타 번역본 등을 참조하였다.

4. 한글 번역은 독송과 사경을 위하여 정확성과 아울러 가독성을 고려하였다. 극존칭은 부처님과 불경계에 대해서만 사용하였다.

5. 사경본의 차례는 일러두기 → 한글역 본문 → 화엄경 목차 → 간행사이며 80권 『대방광불화엄경』의 권별 목차 순으로 독송본과 함께 간행한다. (법공양판에는 간행사 다음에 간행불사 동참자를 밝혀두었다.)

사경본 한글역

대방광불화엄경 제54권

38. 이세간품 [2]

수미해주

大方廣佛華嚴經第五十四卷變相 周

대방광불화엄경 제54권 변상도

대방광불화엄경
제54권

38. 이세간품 [2]

_____ 은(는)『대방광불화엄경』을
사경하는 인연공덕으로
『화엄경』이 널리 유통되고
우리 모두 다함께 보리 이루기를 발원하옵니다.

대방광불화엄경
제54권

38. 이세간품 [2]

"불자들이여, 보살마하살이 열 가지 크게 기쁘고 편안함이 있다.

무엇이 열인가?

이른바 모든 보살들이 이와 같은 마음을 낸다. '미래세가 다하도록 계시는 모든 부처님께서 세상에 출현

하시면, 내가 마땅히 다 따라다니며
받들어 섬겨서 환희하시게 하리라.'
이와 같이 사유하여 마음이 크게 기
쁘고 편안하다.

다시 이 생각을 한다. '저 모든 여
래께서 세상에 출현하시면, 내가 마
땅히 다 위없는 공양거리로 공경히
공양하리라.' 이와 같이 사유하여
마음이 크게 기쁘고 편안하다.

다시 이 생각을 한다. '내가 모든
부처님 처소에서 공양올릴 때에 저
모든 여래께서 반드시 나에게 법을

가르쳐 보이시리니, 내가 모두 깊은 마음으로 공경히 듣고 받아들이며 말씀하신 대로 수행하여 보살의 지위에 반드시 이미 났고 지금 나고 장차 나리라.' 이와 같이 사유하여 마음이 크게 기쁘고 편안하다.

다시 이 생각을 한다. '내가 마땅히 말할 수 없이 말할 수 없는 겁에 보살행을 행하여 항상 일체 모든 부처님과 보살들과 더불어 함께하리라.' 이와 같이 사유하여 마음이 크게 기쁘고 편안하다.

다시 이 생각을 한다. ‘내가 지난 옛적에 위없는 큰 보리심을 아직 내지 못하여 여러 가지 공포가 있었다. 이른바 살아갈 수 없을 공포와, 나쁜 이름 들을 공포와, 죽을 공포와, 악도에 떨어질 공포와, 대중의 위덕에 대한 공포였다. 한번 보리심을 냄으로부터 모두 다 멀리 여의어 놀라지 않고 무서워하지 않고 두려워하지 않고 걱정하지 않고 겁내지 않고 공포스럽지 않아서, 일체 온갖 마들과 모든 외도들이 파괴할 수 없는 바이다.' 이와 같이 사유하여 마음이 크게 기쁘고 편안하다.

다시 이 생각을 한다. '내가 마땅히 일체 중생이 위없는 보리를 이루게 하며, 보리를 이루게 하고는 내가 마땅히 저 부처님 처소에서 보살행을 닦되, 그 몸의 수명이 다하도록 큰 신심으로 마땅히 부처님께 공양 올릴 모든 공양거리를 마련하여 공양올리며, 열반하신 후에는 각각 한량없는 탑을 세워 사리에 공양올리며, 있는 바 남기신 법을 받아 지니

고 수호하리라.' 이와 같이 사유하
여 마음이 크게 기쁘고 편안하다.

또 이 생각을 한다. '시방에 있는
일체 세계를 내가 마땅히 다 위없
는 장엄으로 장엄하되 모두 갖가지
기묘함을 갖추어 평등하고 청정하
게 하며, 다시 갖가지 큰 신통력으
로 머물러 지니어 진동케 하며, 광명
을 밝게 비추어 널리 두루하게 하리
라.' 이와 같이 사유하여 마음이 크
게 기쁘고 편안하다.

다시 이 생각을 한다. '내가 마땅

히 일체 중생의 의혹을 끊으며, 일체 중생의 욕락을 깨끗하게 하며, 일체 중생의 마음 뜻을 열며, 일체 중생의 번뇌를 없애며, 일체 중생의 나쁜 길의 문을 닫으며, 일체 중생의 좋은 갈래의 문을 열며, 일체 중생의 어둠을 깨뜨리며, 일체 중생에게 광명을 주며, 일체 중생이 온갖 마의 업을 떠나게 하며, 일체 중생이 안온한 곳에 이르게 하리라.' 이와 같이 사유하여 마음이 크게 기쁘고 편안하다.

보살마하살이 다시 이 생각을 한

다. '모든 부처님 여래께서 우담화와 같아서 만나기 어려워 한량없는 겁에 한 번도 친견할 수 없지만 내가 마땅히 미래세에 여래를 친견하려 하면 곧 문득 친견하게 되며, 모든 부처님 여래께서 항상 나를 버리지 아니하고 항상 나의 처소에 머물러서 나로 하여금 친견하게 하시며, 나를 위해 법을 설하시어 끊어짐이 없다. 이미 법을 듣고는 마음 뜻이 청정하여 아첨을 멀리 여의고 정직하여 거짓이 없으며, 생각생각에 항상 모든 부처님을 친견하리라.' 이와 같이 사유하여 마음이 크게 기쁘고 편안하다.

다시 이 생각을 한다. '내가 미래에 마땅히 성불하고 부처님의 위신력으로 일체 세계에서 일체 중생을 위하여 각각 달리 평등하고 바른 깨달음 이룸을 나타내 보이며, 청정하고 두려움 없이 크게 사자후하며, 본래의 큰 서원으로 법계에 두루하여 큰 법의 북을 치며, 큰 법의 비를 내리며, 큰 법의 보시를 지어 한량없는 겁에 항상 바른 법을 펼치되, 대비를 지닌 바로 몸과 말과 뜻의 업은 피로해하거나 싫어함이 없으리라.' 이와 같이 사유하여 마음이 크게 기쁘고 편안하다.

불자들이여, 이것이 보살마하살의 열 가지 크게 기쁘고 편안함이다. 만약 모든 보살들이 이 법에 편안히 머무르면 곧 위없는 바른 깨달음의 지혜를 이루어 크게 기쁘고 편안함을 얻는다.

불자들이여, 보살마하살이 열 가지 부처님 법에 깊이 들어감이 있다. 무엇이 열인가?

이른바 과거세의 일체 세계에 들어가며, 미래세의 일체 세계에 들어가며, 현재세의 세계의 수효와 세계의 행과 세계의 말과 세계의 청정에 들어간다. 일체 세계의 갖가지 성품에 들어가며, 일체 중생의 갖가지 업과 과보에 들어가며, 일체 보살의 갖가지 행에 들어간다.

과거 일체 부처님의 차례를 알며,

미래 일체 부처님의 차례를 알며, 현재 시방의 허공 법계 등 일체 모든 부처님 국토에 모인 대중에게 법을 설하여 조복함을 안다.

세간법과 성문법과 독각법과 보살법과 여래법을 알아서, 비록 모든 법이 다 분별이 없음을 알지만 갖가지 법을 설하며, 모두 법계에 들어가되 들어가는 바가 없는 까닭으로 그 법과 같이 설하여 집착하는 바가 없다.

이것이 열이다.

만약 모든 보살들이 이 법에 편안

히 머무르면 곧 아뇩다라삼먁삼보리
인 큰 지혜의 매우 깊은 성품에 들어
가게 된다.

불자들이여, 보살마하살이 열 가
지 의지가 있어서 보살이 이를 의지
하여 보살행을 행한다.

무엇이 열인가?

이른바 일체 모든 부처님께 공양올
림을 의지하여 보살행을 행하며, 일
체 중생을 조복함을 의지하여 보살
행을 행하며, 일체 선우를 친근함을

의지하여 보살행을 행하며, 일체 선
근을 쌓아 모음을 의지하여 보살행
을 행하며, 일체 부처님의 국토를 깨
끗이 장엄함을 의지하여 보살행을
행한다.

일체 중생을 버리지 않음을 의지하
여 보살행을 행하며, 일체 바라밀에
깊이 들어감을 의지하여 보살행을
행하며, 일체 보살의 서원을 만족함
을 의지하여 보살행을 행하며, 한량
없는 보리심을 의지하여 보살행을 행
하며, 일체 부처님의 보리를 의지하

여 보살행을 행한다.

이것이 열이다.

보살이 이것을 의지하여 보살행을
행한다.

불자들이여, 보살마하살이 열 가
지 두려움 없는 마음을 냄이 있다.

무엇이 열인가?

이른바 일체 장애되는 업을 멸함
에 두려움 없는 마음을 내며, 부처님
께서 입멸하신 후에 바른 법을 보호
해 지님에 두려움 없는 마음을 내며,

일체 마를 항복 받음에 두려움 없는 마음을 낸다.

몸과 목숨을 아끼지 아니함에 두려움 없는 마음을 내며, 일체 외도의 삿된 논리를 꺾어 깨뜨림에 두려움 없는 마음을 내며, 일체 중생으로 하여금 환희하게 함에 두려움 없는 마음을 내며, 일체 모인 대중들로 하여금 모두 다 환희하게 함에 두려움 없는 마음을 낸다.

일체 천신과 용과 야차와 건달바와 아수라와 가루라와 긴나라와 마후라가를 조복함에 두려움 없는 마음을 내며, 이승의 지위를 떠나서 매우 깊은 법에 들어감에 두려움 없는 마음을 내며, 말할 수 없이 말할 수 없는 겁 동안 보살행을 행하되 마음에 피로해하거나 싫어함이 없음에 두려움 없는 마음을 낸다.

이것이 열이다.

만약 모든 보살들이 이 법에 편안히 머무르면 곧 여래의 위없는 큰 지혜의 두려울 바 없는 마음을 얻는다.

불자들이여, 보살마하살이 열 가지 의혹이 없는 마음을 내어, 일체 부처님 법에 마음이 의혹이 없다.

무엇이 열인가?

이른바 보살마하살이 이와 같은 마음을 낸다. '내가 마땅히 보시로써 일체 중생을 거두며, 지계와 인욕과 정진과 선정과 지혜와 자애로움과 가엾게 여김과 기뻐함과 버림으로써 일체 중생을 거두어 주리라.'

이 마음을 낼 때에 결정코 의혹이 없으니, 만약 의혹의 마음을 내면 옳

은 도리가 아니다. 이것이 첫째 의혹
이 없는 마음을 냄이다.

보살마하살이 또 이 생각을 한다.
'미래의 모든 부처님께서 세상에 출
현하시면, 내가 마땅히 일체로써 받
들어 섬기며 공양올리리라.'

이 마음을 낼 때에 결정코 의혹이
없으니, 만약 의혹의 마음을 내면 옳
은 도리가 아니다. 이것이 둘째 의혹
이 없는 마음을 냄이다.

보살마하살이 또 이 생각을 한다.
'내가 마땅히 갖가지 기묘한 광명

그물로써 일체 세계를 두루 장엄하
리라.'

이 마음을 낼 때에 결정코 의혹이
없으니, 만약 의혹의 마음을 내면 옳
은 도리가 아니다. 이것이 셋째 의혹
이 없는 마음을 냄이다.

보살마하살이 또 이 생각을 한다.
'내가 마땅히 미래겁이 다하도록 보
살행을 닦되 수없고, 한량없고, 가없
고, 같음이 없고, 셀 수 없고, 일컬을
수 없고, 생각할 수 없고, 헤아릴 수
없고, 말할 수 없고, 말할 수 없이 말

할 수 없어 모든 산수를 초과하는 구
경의 법계 허공계의 일체 중생을 내
가 마땅히 모두 위없는 교화하고 조
복하는 법으로써 성숙하게 하리라.'

이 마음을 낼 때에 결정코 의혹이
없으니, 만약 의혹의 마음을 내면 옳
은 도리가 아니다. 이것이 넷째 의혹
이 없는 마음을 냄이다.

보살마하살이 또 이 생각을 한다.
'내가 마땅히 보살행을 닦아 큰 서
원을 만족하고 일체지를 갖추어서
그 가운데 편안히 머무르리라.'

이 마음을 낼 때에 결정코 의혹이 없으니, 만약 의혹의 마음을 내면 옳은 도리가 아니다. 이것이 다섯째 의혹이 없는 마음을 냄이다.

보살마하살이 또 이 생각을 한다. '내가 마땅히 널리 일체 세간을 위하여 보살행을 행하되, 일체 법의 청정한 광명이 되어 일체 있는 바 부처님 법을 비추어 밝히리라.'

이 마음을 낼 때에 결정코 의혹이 없으니, 만약 의혹의 마음을 내면 옳은 도리가 아니다. 이것이 여섯째 의혹이 없는 마음을 냄이다.

보살마하살이 또 이 생각을 한다. '내가 마땅히 일체 법이 다 부처님 법임을 알고, 중생들의 마음을 따라 그들을 위해 연설하여 모두 깨닫게 하리라.'

이 마음을 낼 때에 결정코 의혹이 없으니, 만약 의혹의 마음을 내면 옳은 도리가 아니다. 이것이 일곱째 의혹이 없는 마음을 냄이다.

보살마하살이 또 이 생각을 한다. '내가 마땅히 일체 법에 장애가 없는 문을 얻어서 일체 장애는 얻을 수 없음을 아는 까닭으로, 그 마음이 이와 같이 의혹이 없어 진실한 성품에 머무르며 내지 아뇩다라삼먁삼보리를 이루리라.'

이 마음을 낼 때에 결정코 의혹이 없으니, 만약 의혹의 마음을 내면 옳은 도리가 아니다. 이것이 여덟째 의혹이 없는 마음을 냄이다.

보살마하살이 또 이 생각을 한다. '내가 마땅히 일체 법이 다 출세간법 아님이 없음을 알고 일체 허망한 생각과 뒤바뀜을 멀리 여의며, 한 가지 장엄으로써 스스로 장엄하되 장엄하는 바가 없으니, 이것을 스스로 깨닫고 다른 이를 말미암아 깨닫지 않으리라.'

이 마음을 낼 때에 결정코 의혹이 없으니, 만약 의혹의 마음을 내면 옳은 도리가 아니다. 이것이 아홉째 의혹이 없는 마음을 냄이다.

보살마하살이 또 이 생각을 한다. '내가 마땅히 일체 법에서 가장 바른 깨달음을 이루리니, 일체 허망한 생각과 뒤바뀜을 여의는 까닭이며, 한 생각과 서로 응하는 지혜를 얻는 까닭이며, 같음과 다름을 얻을 수 없는 까닭이며, 일체 수효를 여의는 까닭이며, 끝까지 함이 없는 까닭이며, 일체 말을 여의는 까닭이며, 말할 수 없는 경계의 경계에 머무르는 까닭이다.'

이 마음을 낼 때에 결정코 의혹이 없으니, 만약 의혹의 마음을 내면 옳은 도리가 아니다. 이것이 열째 의혹이 없는 마음을 냄이다.

만약 모든 보살들이 이 법에 편안
히 머무르면 곧 일체 부처님 법에 마
음이 의혹하는 바가 없다.

불자들이여, 보살마하살이 열 가
지 불가사의가 있다.
무엇이 열인가?
이른바 일체 선근이 불가사의며,
일체 서원이 불가사의며, 일체 법이
환과 같음을 아는 것이 불가사의며,
보리심을 내어 보살행을 닦되 선근
을 잃지 아니하여 분별할 바 없음이

불가사의며, 비록 일체 법에 깊이 들어갔으나 또한 멸도를 취하지 아니하니 일체 서원을 아직 원만히 이루지 못한 까닭이 불가사의다.

보살도를 닦되 천상에서 내려오고, 태에 들어가고, 탄생하고, 출가하고, 고행하고, 도량에 나아가고, 온갖 마들을 항복 받고, 가장 바른 깨달음을 이루고, 바른 법륜을 굴리고, 열반에 듦을 나타내 보이며, 신통 변화가 자재하여 쉼 없이 자비와 서원을 버리지 아니하고 중생을 구호

함이 불가사의다.

비록 여래의 십력과 신통 변화가 자재함을 능히 나타내 보이나 또한 법계와 같은 마음을 버리지 아니 하고 중생들을 교화함이 불가사의 다.

일체 법이 모양 없는 것이 모양이고, 모양이 모양 없는 것이며, 분별 없는 것이 분별이고, 분별이 분별없는 것이며, 있지 않은 것이 있는 것이고, 있는 것이 있지 않은 것이며, 지음 없는 것이 지음이고, 지음이 지음

없는 것이며, 말 아닌 것이 말이고, 말이 말 아닌 것임이 불가사의다.

마음이 보리와 평등함을 알며, 보리가 마음과 평등하고 마음과 보리가 중생과 더불어 평등함을 알지만, 또한 마음이 뒤바뀌고 생각이 뒤바뀌고 소견이 뒤바뀜을 내지 않는 것이 불가사의다.

생각생각에 멸진정에 들어가 일체 번뇌를 다하되, 실제를 증득하지도 않고 또한 샘이 있는 선근을 다하지도 않는다.

비록 일체 법이 샘이 없음을 알지만, 샘이 다함도 알고, 또한 샘이 멸함도 안다. 비록 부처님 법이 곧 세간법이고 세간법이 곧 부처님 법임을 알지만, 부처님 법 가운데서 세간법을 분별하지도 않고 세간법 가운데서 부처님 법을 분별하지도 않는다.

일체 모든 법이 다 법계에 들어가되 들어가는 바가 없는 까닭이며, 일체 법이 다 둘이 없고 변하여 바뀜이 없음을 아는 까닭이다.

이것이 열째 불가사의다.

불자들이여, 이것이 보살마하살의 열 가지 불가사의다. 만약 모든 보살들이 그 가운데 편안히 머무르면 곧 일체 모든 부처님의 위없는 불가사의한 법을 얻는다.

불자들이여, 보살마하살이 열 가지 교묘하고 비밀한 말이 있다.

무엇이 열인가?

이른바 일체 부처님 경전 가운데 교묘하고 비밀한 말과, 일체 태어나는 곳에 교묘하고 비밀한 말과, 일체 보살의 신통 변화와 평등하고 바른 깨달음을 이룸에 교묘하고 비밀한 말이다.

일체 중생의 업과 과보에 교묘하고 비밀한 말과, 일체 중생의 일으키는 바 물들고 깨끗함에 교묘하고 비밀한 말과, 일체 법의 끝까지 장애가 없는 문에 교묘하고 비밀한 말이다.

일체 허공계의 낱낱 방위와 처소에 모두 세계가 있는데 혹은 이루어지고 혹은 무너져서 사이에 빈 곳이 없음에 교묘하고 비밀한 말이다.

일체 법계 일체 시방과 내지 미세한 곳에도 다 여래께서 계시어 처음 탄생하심에서부터 내지 성불하고 열반에 드심을 나타내 보이는 것이 법계에 가득함을 모두 분별하여 봄에 교묘하고 비밀한 말이다.

일체 중생의 평등한 열반을 보는 것은 변하여 바뀜이 없는 까닭이며, 큰 서원을 버리지 아니함은 일체지의 서원이 아직 원만함을 얻지 못하여 만족케 하려는 까닭에 교묘하고 비밀한 말이다.

비록 일체 법을 다른 이로 말미암아 깨닫는 것이 아님을 알지만 모든 선지식을 버리어 여의지 아니하고 여래의 처소에서 접접 더 존경하며, 선지식과 화합하여 둘이 없으며, 모든 선근을 닦아 모으고 심으며, 회향하여 편안히 머물러서 동일한 짓는 바이며, 동일한 자체 성품이며, 동일한 벗어남이며, 동일한 성취임이 교묘하고 비밀한 말이다.

이것이 열이다.

만약 모든 보살들이 그 가운데 편안히 머무르면 곧 여래의 위없는 매우 교묘하고 비밀한 말을 얻는다.

불자들이여, 보살마하살이 열 가지 교묘하게 분별하는 지혜가 있다. 무엇이 열인가?

이른바 일체 세계에 들어가는 교묘하게 분별하는 지혜와, 일체 중생의 처소에 들어가는 교묘하게 분별하는 지혜이다.

일체 중생의 마음 행에 들어가는

교묘하게 분별하는 지혜와, 일체 중생의 근성에 들어가는 교묘하게 분별하는 지혜이다.

일체 중생의 업과 과보에 들어가는 교묘하게 분별하는 지혜와, 일체 성문의 행에 들어가는 교묘하게 분별하는 지혜이다.

일체 독각의 행에 들어가는 교묘하게 분별하는 지혜와, 일체 보살의 행에 들어가는 교묘하게 분별하는 지혜이다.

일체 세간법에 들어가는 교묘하게

분별하는 지혜와, 일체 부처님 법에 들어가는 교묘하게 분별하는 지혜이다.

이것이 열이다.

만약 모든 보살들이 그 가운데 편안히 머무르면 곧 일체 모든 부처님의 위없이 매우 교묘하게 모든 법을 분별하는 지혜를 얻는다.

불자들이여, 보살마하살이 열 가지 삼매에 들어감이 있다.

무엇이 열인가?

이른바 일체 세계에서 삼매에 들어가며, 일체 중생의 몸에서 삼매에 들어가며, 일체 법에서 삼매에 들어간다.

일체 부처님을 친견하고 삼매에 들어가며, 일체 겁에 머물러 삼매에 들어가며, 삼매에서 일어나 부사의한 몸을 나타내어 삼매에 들어가며, 일체 부처님 몸에서 삼매에 들어간다.

일체 중생이 평등함을 깨달아 삼매에 들어가며, 한 생각 동안에 일체 보살의 삼매에 드는 지혜로 삼매에 들어가며, 한 생각 동안에 걸림 없는 지혜로 일체 모든 보살의 행과 원을 성취하되 쉼 없이 삼매에 들어간다.

이것이 열이다.

만약 모든 보살들이 그 가운데 편안히 머무르면 곧 일체 모든 부처님의 위없이 매우 교묘한 삼매의 법을 얻는다.

불자들이여, 보살마하살이 열 가지 두루 들어감이 있다.

무엇이 열인가?

이른바 중생에 두루 들어가고, 국토에 두루 들어가고, 세간의 갖가지 모양에 두루 들어가고, 화재에 두루 들어가고, 수재에 두루 들어가고, 부처님께 두루 들어가고, 장엄에 두루 들어가고, 여래의 가없는 공덕의 몸에 두루 들어가고, 일체 갖가지 법을 설함에 두루 들어가고, 일체 여래께 갖가지로 공양올림에 두루 들어간다.

이것이 열이다.

만약 모든 보살들이 그 가운데 편

안히 머무르면 곧 여래의 위없는 큰 지혜에 두루 들어가는 법을 얻는다.

불자들이여, 보살마하살이 열 가지 해탈문이 있다.

무엇이 열인가?

이른바 한 몸이 일체 세계에 두루 하는 해탈문과, 일체 세계에서 한량없는 갖가지 색상을 나타내 보이는 해탈문과, 일체 세계로 한 부처님 세계에 들어가는 해탈문이다.

일체 중생계를 널리 가지하는 해탈

문과, 일체 부처님의 장엄한 몸으로 일체 세계에 가득한 해탈문과, 자신의 몸 가운데서 일체 세계를 보는 해탈문과, 한 생각 동안에 일체 세계에 가는 해탈문이다.

한 세계에서 일체 여래께서 출세하심을 나타내 보이는 해탈문과, 한 몸이 일체 법계에 가득한 해탈문과, 한 생각 동안에 일체 부처님의 유희하시는 신통을 나타내 보이는 해탈문이다.

이것이 열이다.

만약 모든 보살들이 그 가운데 편안히 머무르면 곧 여래의 위없는 해탈문을 얻는다.

불자들이여, 보살마하살이 열 가지 신통이 있다.

무엇이 열인가?

이른바 지난 세상의 일을 기억하는 방편 지혜의 신통과, 하늘귀의 걸림 없는 방편 지혜의 신통과, 다른 중생들의 부사의한 마음 행을 아는 방편 지혜의 신통과, 하늘눈으로 관찰하

여 장애가 없는 방편 지혜의 신통이
다.

중생 마음을 따라 부사의한 큰 신
통력을 나타내는 방편 지혜의 신통
과, 한 몸이 한량없는 세계에 널리
나타나는 방편 지혜의 신통과, 한 생
각에 말할 수 없이 말할 수 없는 세
계에 두루 들어가는 방편 지혜의 신
통이다.

한량없는 장엄거리를 내어 부사의
한 세계를 장엄하는 방편 지혜의 신
통과, 말할 수 없이 변화하는 몸을

나타내 보이는 방편 지혜의 신통과,
부사의한 중생 마음을 따라 말할 수
없는 세계에서 아뇩다라삼먁삼보리
이름을 나타내는 방편 지혜의 신통
이다.

이것이 열이다.

만약 모든 보살들이 그 가운데 편
안히 머무르면 곧 여래의 위없는 큰
방편의 신통을 얻어서, 일체 중생을
위하여 갖가지로 나타내 보여 그들
로 하여금 닦아 배우게 한다.

불자들이여, 보살마하살이 열 가지 밝음이 있다.

무엇이 열인가?

이른바 일체 중생의 업과 과보를 아는 교묘한 지혜의 밝음과, 일체 중생의 경계가 고요하고 청정하여 모든 희론이 없음을 아는 교묘한 지혜의 밝음과, 일체 중생의 갖가지 반연하는 바가 오직 한 모양이어서 모두 얻을 수 없고 일체 모든 법이 다 금강과 같음을 아는 교묘한 지혜의 밝음이다.

능히 한량없이 미묘한 음성으로 시
방의 일체 세계에 널리 들리게 하는
교묘한 지혜의 밝음과, 일체 마음의
물들어 집착하는 바를 널리 깨뜨리
는 교묘한 지혜의 밝음과, 능히 방편
으로 태어나고 혹은 태어나지 않음
을 나타내 보이는 교묘한 지혜의 밝
음과, 일체 생각과 느낌의 경계를 버
리어 여의는 교묘한 지혜의 밝음이
다.

　일체 법이 모양도 아니고 모양 없음
도 아니며 한 성품이고 성품이 없어

서 분별할 바가 없음을 알지만 능히 갖가지 모든 법을 밝게 알고, 한량없는 겁에 분별하여 연설하고, 법계에 머물러서 아뇩다라삼먁삼보리를 이루는 교묘한 지혜의 밝음이다.

보살마하살은 일체 중생의 나는 것이 본래 남이 없음을 알아서, 태어나는 것을 얻을 수 없는 까닭을 밝게 통달하였다.

인도 알며, 연도 알며, 현상도 알며, 경계도 알며, 행함도 알며, 남도 알며, 멸함도 알며, 말함도 안다. 미

혹함도 알고 미혹을 여읨도 알며, 뒤
바뀜도 알고 뒤바뀜을 여읨도 알며,
섞이어 물듦도 알고 청정함도 안다.

생사도 알고 열반도 알며, 얻음도
알고 얻지 못함도 알며, 집착함도 알
고 집착함이 없음도 알며, 머무름도
알고 움직임도 알며, 감도 알고 돌아
옴도 알며, 일어남도 알고 일어나지
않음도 안다.

무너짐도 알며, 벗어남도 알며, 성
숙함도 알며, 모든 근도 알며, 조복함
도 알아서, 그 마땅한 바를 따라 갖

가지로 교화하되 일찍이 보살의 행할 바를 잊어버리지 아니하였다.

무슨 까닭인가? 보살은 다만 중생들을 이익케 하기 위한 까닭으로 아뇩다라삼먁삼보리의 마음을 낼 뿐이고, 다른 것은 하는 바가 없다. 그러므로 보살이 항상 중생들을 교화하되 몸이 피로하거나 게으름이 없어서 일체 세간에서 짓는 바를 어기지 않는다. 이 이름이 '연기의 매우 교묘한 지혜의 밝음'이다.

보살마하살은 부처님께 집착이 없

어 집착하는 마음을 일으키지 아니하며, 법에 집착이 없어 집착하는 마음을 일으키지 아니하며, 세계에 집착이 없어 집착하는 마음을 일으키지 아니하며, 중생에게 집착이 없어 집착하는 마음을 일으키지 아니한다.

중생이 있음을 보아서 교화하고 조복하며 설법을 행하는 것은 아니지만, 그러나 또한 보살의 모든 행의 대비와 대원을 버리지 아니한다.

부처님을 친견하고 법을 듣고 따라

수행하며, 여래를 의지하여 모든 선근을 심으며, 공경하고 공양올리기를 쉬지 아니하며, 능히 위신력으로 시방의 한량없는 세계를 진동시키니, 그 마음이 광대하여 법계와 같은 까닭이다.

갖가지 설법을 알며 중생의 수효를 알며 중생의 차별을 알며 괴로움이 생김을 알며 괴로움이 멸함을 알며 일체 행이 모두 그림자와 같음을 알아서 보살행을 행하며, 일체 태어나는 근본을 길이 끊었지만 다만 일

체 중생을 구호하기 위하여 보살행
을 행하되 행하는 바가 없다.

일체 모든 부처님의 종성을 따라
서 큰 산왕과 같은 마음을 내며, 일
체 허망하고 뒤바뀜을 알아서 일체
갖가지 지혜의 문에 들어가며, 지혜
가 광대하여 움직일 수 없어서 마땅
히 바른 깨달음을 이루어 생사 바다
에서 일체 중생을 평등하게 제도하
는 교묘한 지혜의 밝음이다.

이것이 열이다.

만약 모든 보살들이 그 가운데 편

안히 머무르면 곧 여래의 위없는 크게 교묘한 지혜의 밝음을 얻는다.

불자들이여, 보살마하살이 열 가지 해탈이 있다.
무엇이 열인가?
이른바 번뇌의 해탈과, 삿된 소견의 해탈과, 모든 취착의 해탈과, 온·계·처의 해탈이다.
이승을 초월하는 해탈과, 생사 없는 법인의 해탈과, 일체 세간과 일체 세계와 일체 중생과 일체 법에 집착을 여의는 해탈과, 가없이 머무르는 해탈이다.

일체 보살행을 일으켜서 여래의 분별없는 지위에 들어가는 해탈과, 한 생각 동안에 일체 삼세를 모두 능히 밝게 아는 해탈이다.

이것이 열이다.

만약 모든 보살들이 이 법에 편안히 머무르면 곧 위없는 부처님의 일을 능히 베풀어 일체 중생을 교화하여 성숙시킨다.

불자들이여, 보살마하살이 열 가지 동산 숲이 있다.

무엇이 열인가?

이른바 나고 죽음이 보살의 동산 숲이니 싫어서 버림이 없는 까닭이며, 중생을 교화함이 보살의 동산 숲이니 피로해하거나 게으르지 않은 까닭이다.

일체 겁에 머무름이 보살의 동산 숲이니 모든 큰 행을 거두는 까닭이며, 청정한 세계가 보살의 동산 숲이니 스스로 그치고 머무르는 바인 까닭이다.

일체 마의 궁전이 보살의 동산 숲
이니 저 무리들을 항복 받는 까닭이
며, 들은 법을 사유함이 보살의 동
산 숲이니 이치와 같이 관찰하는 까
닭이다.

여섯 가지 바라밀과 네 가지 거두
어 주는 일과 서른일곱 가지 보리분
법이 보살의 동산 숲이니 자애로운
아버지의 경계를 잇는 까닭이며, 열
가지 힘과 네 가지 두려울 바 없음과
열여덟 가지 함께하지 않음과 내지

일체 부처님의 법이 보살의 동산 숲이니 다른 법을 생각하지 않는 까닭이다.

일체 보살의 위신력과 자재한 신통을 나타내 보임이 보살의 동산 숲이니 큰 위신력으로 바른 법륜을 굴려서 중생들을 조복함에 휴식함이 없는 까닭이다.

한 생각 동안에 일체 처에서 일체 중생을 위하여 바른 깨달음 이룸을 보이는 것이 보살의 동산 숲이니 법신이 온 허공의 일체 세계에 널리 두루한 까닭이다.

이것이 열이다.

만약 모든 보살들이 이 법에 편안
히 머무르면 곧 여래의 위없는 근심
과 번뇌를 여의어 크게 안락한 행을
얻는다.

불자들이여, 보살마하살이 열 가
지 궁전이 있다.

무엇이 열인가?

이른바 보리심이 보살의 궁전이니
항상 잊어버리지 않는 까닭이며, 열

가지 착한 업의 길과 복덕과 지혜가 보살의 궁전이니 욕계의 중생들을 교화하는 까닭이다.

네 가지 범천이 머무르는 선정이 보살의 궁전이니 색계의 중생들을 교화하는 까닭이며, 정거천에 나는 것이 보살의 궁전이니 일체 번뇌에 물들지 않는 까닭이다.

무색계에 나는 것이 보살의 궁전이니 모든 중생들로 하여금 어려운 곳에서 떠나게 하는 까닭이며, 잡되고 물든 세계에 나는 것이 보살의 궁전이니 일체 중생으로 하여금 번뇌를 끊게 하는 까닭이다.

현재 내궁에 있는 처자 권속이 보살의 궁전이니 지난 옛적에 함께 수행하던 중생을 성취하는 까닭이며, 현재 있는 윤왕과 호세사천왕과 제석천왕과 법천이 보살의 궁전이니 자재한 마음으로 중생을 조복하는 까닭이다.

일체 보살행에 머물러 신통에 유희하며 모두 자재를 얻음이 보살의 궁전이니 모든 선정과 해탈과 삼매의 지혜에 잘 유희하는 까닭이다.

일체 부처님 처소에서 위없이 자재한 일체 지혜 왕의 관정의 수기를 받는 것이 보살의 궁전이니 열 가지 힘으로 장엄함에 머물러서 일체 법왕의 자재한 일을 짓는 까닭이다.

이것이 열이다.

만약 모든 보살들이 그 가운데 편안히 머무르면 곧 법으로 관정하여 일체 세간에서 위신력으로 자재함을 얻는다.

불자들이여, 보살마하살이 열 가지 좋아하는 것이 있다.

무엇이 열인가?

이른바 바른 생각을 좋아하니 마음이 산란하지 않은 까닭이며, 지혜를 좋아하니 모든 법을 분별하는 까닭이다.

일체 부처님 처소에 나아가기를 좋아하니 법을 들음에 싫어함이 없는 까닭이며, 모든 부처님을 좋아하니 시방에 충만하여 끝이 없는 까닭이다.

보살의 자재함을 좋아하니 모든 중생들을 위하여 한량없는 문으로 몸을 나타내는 까닭이며, 모든 삼매문을 좋아하니 한 삼매문에서 일체 삼매문에 들어가는 까닭이다.

다라니를 좋아하니 법을 지니고 잊지 아니하여 중생들에게 전해 주는 까닭이며, 걸림 없는 변재를 좋아하니 한 글자와 한 글귀를 말할 수 없는 겁이 지나도록 분별하여 연설하되 끝까지 다함이 없는 까닭이다.

바른 깨달음 이룸을 좋아하니 일

체 중생을 위하여 한량없는 문으로 몸에 바른 깨달음 이룸을 나타내 보이는 까닭이며, 법륜 굴리기를 좋아하니 일체 이교도의 법을 꺾어 멸하는 까닭이다.

이것이 열이다.

만약 모든 보살들이 이 법에 편안히 머무르면 곧 일체 모든 부처님 여래의 위없는 법의 즐거움을 얻는다.

불자들이여, 보살마하살이 열 가지 장엄이 있다.

무엇이 열인가?

이른바 힘의 장엄이니 깨뜨릴 수 없는 까닭이며, 두려움 없는 장엄이니 굴복시킬 수 없는 까닭이며, 뜻의 장엄이니 말할 수 없는 뜻을 설하여 끝까지 다함이 없는 까닭이며, 법의 장엄이니 팔만사천 법의 무더기를 관찰하고 연설하여 잊어버리지 않는 까닭이다.

서원의 장엄이니 일체 보살이 세운 큰 서원에서 물러남이 없는 까닭이며, 행의 장엄이니 보현행을 닦아 벗어나는 까닭이며, 세계의 장엄이니 일체 세계로 한 세계를 만드는 까닭이며, 너른 음성의 장엄이니 일체 모든 부처님 세계에 두루하여 법의 비를 내리는 까닭이다.

힘으로 지님의 장엄이니 일체 겁에 수없는 행을 행하여 끊어지지 않는 까닭이며, 변화의 장엄이니 한 중생의 몸에서 일체 중생의 수효와 같은 몸을 나타내 보여 일체 중생으로 하여금 모두 지견을 얻고 일체지를 구하여 물러남이 없게 하는 까닭이다.

이것이 열이다.

만약 모든 보살들이 이 법에 편안히 머무르면 곧 여래의 일체 위없는 법의 장엄을 얻는다.

불자들이여, 보살마하살이 열 가지 움직이지 않는 마음을 낸다.

무엇이 열인가?

이른바 일체 가진 것을 모두 다 능히 버리는 움직이지 않는 마음과, 일체 부처님 법을 사유하고 관찰하는

움직이지 않는 마음과, 일체 모든 부
처님을 생각하고 공양올리는 움직이
지 않는 마음이다.

일체 중생을 맹세코 괴롭히고 해치
지 않으려는 움직이지 않는 마음과,
중생들을 널리 거두어 주고 원수와
친한 이를 가리지 않는 움직이지 않
는 마음과, 일체 부처님 법을 구하되
쉼 없는 움직이지 않는 마음이다.

일체 중생의 수효와 같은 말할 수
없이 말할 수 없는 겁에 보살행을 행
하되 피로해하거나 싫어함을 내지

아니하고 또한 물러남이 없는 움직이지 않는 마음이다.

뿌리가 있는 믿음과, 흐리지 않은 믿음과, 청정한 믿음과, 매우 청정한 믿음과, 때를 여읜 믿음과, 밝게 사무친 믿음과, 일체 부처님께 공경히 공양올리는 믿음과, 물러나지 않는 믿음과, 다할 수 없는 믿음과, 무너뜨릴 수 없는 믿음과, 크게 뛰며 환희하는 믿음을 성취하는 움직이지 않는 마음이다.

일체지를 내는 방편의 길을 성취하

는 움직이지 않는 마음과, 일체 보살의 행하는 법을 들어서 믿고 받아들이어 비방하지 않는 움직이지 않는 마음이다.

이것이 열이다.

만약 모든 보살들이 이 법에 편안히 머무르면 곧 위없는 일체지의 움직이지 않는 마음을 얻는다.

불자들이여, 보살마하살이 열 가지 버리지 않는 깊고 큰 마음이 있다.

무엇이 열인가?

이른바 일체 부처님의 보리를 원만
히 이룸을 버리지 않는 깊고 큰 마
음과, 일체 중생을 교화하고 조복함
을 버리지 않는 깊고 큰 마음과, 일
체 모든 부처님의 종성을 끊지 않음
을 버리지 않는 깊고 큰 마음과, 일
체 선지식 친근함을 버리지 않는 깊
고 큰 마음이다.

일체 모든 부처님께 공양올림을 버
리지 않는 깊고 큰 마음과, 일체 대
승의 공덕의 법을 오로지 구함을 버

리지 않는 깊고 큰 마음과, 일체 부처님의 처소에서 법행을 수행하고 깨끗한 계를 보호하여 지님을 버리지 않는 깊고 큰 마음이다.

일체 보살 친근함을 버리지 않는 깊고 큰 마음과, 일체 부처님 법을 구하여 방편으로 보호하고 지님을 버리지 않는 깊고 큰 마음과, 일체 보살의 행과 원을 만족하고 일체 모든 부처님 법 모음을 버리지 않는 깊고 큰 마음이다.

이것이 열이다.

만약 모든 보살들이 그 가운데 편안히 머무르면 곧 능히 일체 부처님 법을 버리지 않는다.

불자들이여, 보살마하살이 열 가지 지혜의 관찰이 있다.

무엇이 열인가?

이른바 잘 분별하여 일체 법을 설하는 지혜의 관찰과, 삼세의 일체 선근을 밝게 아는 지혜의 관찰과, 일체 모든 보살들의 행과 자재하게 변화함을 밝게 아는 지혜의 관찰이다.

일체 모든 법과 이치의 문을 밝게 아는 지혜의 관찰과, 일체 모든 부처님의 위신력을 밝게 아는 지혜의 관찰과, 일체 다라니 문을 밝게 아는 지혜의 관찰과, 일체 세계에 바른 법을 널리 설하는 지혜의 관찰이다.

일체 법계에 들어가는 지혜의 관찰과, 일체 시방의 불가사의함을 아는 지혜의 관찰과, 일체 부처님 법의 지혜 광명이 장애가 없음을 아는 지혜의 관찰이다.

이것이 열이다.

만약 모든 보살들이 그 가운데 편
안히 머무르면 곧 여래의 위없는 큰
지혜의 관찰을 얻는다.

불자들이여, 보살마하살이 열 가
지 법을 설함이 있다.
무엇이 열인가?
이른바 일체 법이 다 연을 좇아 일
어남을 설하며, 일체 법이 모두 다
환과 같음을 설하며, 일체 법이 어기
거나 다툼이 없음을 설하며, 일체 법
이 끝이 없음을 설하며, 일체 법이

의지하는 바가 없음을 설한다.

일체 법이 마치 금강과 같음을 설하며, 일체 법이 모두 다 여여함을 설하며, 일체 법이 모두 다 고요함을 설하며, 일체 법이 모두 다 벗어남인 것을 설하며, 일체 법이 모두 한 가지 이치에 머물러 본래 성품을 성취함을 설한다.

이것이 열이다.

만약 모든 보살들이 그 가운데 편안히 머무르면 곧 능히 매우 교묘하게 일체 법을 설한다.

불자들이여, 보살마하살이 열 가지 청정이 있다.

무엇이 열인가?

이른바 깊은 마음이 청정하고, 의심을 끊음이 청정하고, 소견을 여읨이 청정하고, 경계가 청정하고, 일체 지혜를 구함이 청정하다.

변재가 청정하고, 두려움 없음이 청정하고, 일체 보살의 지혜에 머무름이 청정하고, 일체 보살의 계율과 위의를 받음이 청정하고, 위없는 보리와 서른두 가지의 백 가지 복된 모

습과 밝고 깨끗한 법과 일체 선근을
구족하게 성취함이 청정하다.
　이것이 열이다.
　만약 모든 보살들이 그 가운데 편
안히 머무르면 곧 일체 여래의 위없
는 청정한 법을 얻는다.

　불자들이여, 보살마하살이 열 가
지 도장찍음이 있다.
　무엇이 열인가?
　이른바 보살마하살이 괴로움의 괴
로움과 무너지는 괴로움과 변천하는

괴로움을 알아서 부처님의 법을 오로지 구하되 게으름을 내지 아니하며, 보살행을 행하되 피로해하거나 게으르지 아니하며, 놀라지 아니하고 두려워하지 아니하며, 겁내지 아니하고 무서워하지 아니하며, 큰 서원을 버리지 아니하고 일체 지혜를 구하며, 견고하여 물러나지 아니하며, 마침내 아뇩다라삼먁삼보리에 이른다. 이것이 첫째 도장찍음이다.

보살마하살이 어떤 중생이 어리석고 미쳐서 혹은 거칠고 나쁜 말로 서

로 헐뜯고 욕하며, 혹은 칼이나 막대
기나 기와나 돌로써 해롭게 함을 보
더라도, 마침내 이 경계로 보살의 마
음을 버리지 아니하고, 다만 인욕하
고 부드럽고 화평하게 오로지 부처
님 법을 닦으며, 가장 수승한 도에
머물러 생을 여읜 자리에 들어간다.
이것이 둘째 도장찍음이다.

보살마하살이 일체지와 서로 응하
는 매우 깊은 부처님 법 설함을 듣고
능히 자기의 지혜로 깊이 믿고 분명
히 알고서 밝게 이해하고 들어간다.

이것이 셋째 도장찍음이다.

보살마하살이 또 이 생각을 하되 '내가 깊은 마음을 내어 일체지를 구하니 내가 마땅히 성불하여 아뇩다라삼먁삼보리를 얻을 것이며, 일체중생이 다섯 갈래에 흘러 다니면서 한량없는 고통을 받으니 또한 마땅히 그들로 하여금 보리심을 내어 깊이 믿고 기뻐하며 부지런히 닦고 정진하며 견고하여 물러나지 않게 하리라.'고 한다. 이것이 넷째 도장찍음이다.

보살마하살이 여래의 지혜가 끝이 없음을 알아서 제한된 것으로 여래의 지혜를 헤아리지 않는다. 보살이 일찍이 한량없는 부처님 처소에서 여래의 지혜가 끝이 없음을 들었으니, 그러므로 능히 제한된 것으로 헤아리지 않으며, 일체 세간의 문자로 설한 것은 다 제한이 있어 모두 여래의 지혜를 알 수 없다. 이것이 다섯째 도장찍음이다.

보살마하살이 아뇩다라삼먁삼보리에서 가장 수승한 욕심과, 매우 깊은 욕심과, 넓은 욕심과, 큰 욕심과, 갖가지 욕심과, 이길 수 없는 욕심과, 위없는 욕심과, 견고한 욕심과, 온갖 마와 외도와 아울러 그 권속들이 파괴할 수 없는 욕심과, 일체지를 구하여 물러나지 않는 욕심을 얻어서 보살이 이와 같은 등의 욕심에 머무르니 위없는 보리에서 끝까지 물러나지 않는다. 이것이 여섯째 도장 찍음이다.

보살마하살이 보살행을 행하되 몸과 목숨을 돌보지 아니하여 방해하고 파괴할 수 없다. 발심하여 일체지로 나아가는 까닭이며, 일체지의 성품이 항상 앞에 나타나는 까닭이며, 일체 부처님 지혜의 광명을 얻은 까닭으로, 마침내 부처님의 보리를 버리어 여의지 아니하며 마침내 선지식을 버리어 여의지 아니한다. 이것이 일곱째 도장찍음이다.

보살마하살이 만약 선남자 선여인이 대승에 나아가는 자를 보면, 그들이 부처님 법을 구하는 마음을 더욱 늘게 하며, 그들이 일체 선근에 편안히 머무르게 하며, 그들이 일체지의 마음을 거두어 가지게 하며, 그들이 위없는 보리에서 물러나지 않게 한다. 이것이 여덟째 도장찍음이다.

보살마하살이 일체 중생으로 하여금 평등한 마음을 얻게 하며, 권하여 일체지의 도를 부지런히 닦게 하며, 대비의 마음으로 위하여 법을 설하여, 아뇩다라삼먁삼보리에서 영원히 물러나지 않게 한다. 이것이 아홉째 도장찍음이다.

보살마하살이 삼세 모든 부처님과

선근이 같아서 일체 모든 부처님의 종성을 끊지 아니하고 구경에 일체지의 지혜에 이르게 된다. 이것이 열째 도장찍음이다.

불자들이여, 이것이 보살마하살의 열 가지 도장찍음이다. 보살이 이로써 아뇩다라삼먁삼보리를 빨리 이루어 여래의 일체 법에 위없는 지혜의 도장찍음을 구족한다.

불자들이여, 보살마하살이 열 가지 지혜 광명의 비춤이 있다.

무엇이 열인가?

이른바 결정코 마땅히 아뇩다라삼먁삼보리를 이룰 것을 아는 지혜 광명의 비춤이며, 일체 부처님을 친견하는 지혜 광명의 비춤이며, 일체 중생이 여기에서 죽어 저기에서 나는 것을 보는 지혜 광명의 비춤이다.

일체 수다라 법문을 아는 지혜 광명의 비춤이며, 선지식을 의지하여 보리심을 내어 모든 선근을 모으는 지혜 광명의 비춤이며, 일체 모든 부처님을 나타내 보이는 지혜 광명의 비춤이며, 일체 중생을 교화하여 모두 여래의 지위에 편안히 머무르게 하는 지혜 광명의 비춤이다.

불가사의한 넓고 큰 법문을 연설하는 지혜 광명의 비춤이며, 일체 모든 부처님의 신통과 위신력을 교묘하고 밝게 아는 지혜 광명의 비춤이며, 일체 모든 바라밀을 만족하는 지혜 광명의 비춤이다.

이것이 열이다.

만약 모든 보살들이 이 법에 편안히 머무르면 곧 일체 모든 부처님의 위없는 지혜 광명의 비춤을 얻는다.

불자들이여, 보살마하살이 열 가지 같음이 없는 머무름이 있어서 일체 중생과 성문과 독각이 모두 더불어 같을 이가 없다.

무엇이 열인가?

이른바 보살마하살이 비록 실제를 관하나 증득을 취하지는 않으니, 일체 서원을 아직 원만히 이루지 못한 까닭이다. 이것이 첫째 같음이 없는 머무름이다.

보살마하살이 법계와 평등한 일체 선근을 심되 그 가운데 조그만 집착도 없다. 이것이 둘째 같음이 없는 머무름이다.

보살마하살이 보살행을 닦되 그것이 환화와 같음을 아니, 일체 법이 모두 적멸한 까닭으로 부처님의 법에 의혹을 내지 않는다. 이것이 셋째 같음이 없는 머무름이다.

보살마하살이 비록 세간에 있는 허망한 생각을 여의었으나, 그러나 능히 생각하기를 '말할 수 없는 겁에 보살행을 행하여 큰 서원을 만족하리라.'고 하며, 마침내 그 중간에 피로해하거나 싫어하는 마음을 일으키지 않는다. 이것이 넷째 갈음이 없는 머무름이다.

보살마하살이 일체 법에 취착하는 바가 없으니, 일체 법이 성품이 적멸한 까닭으로 열반을 증득하지 않는다. 왜냐하면 일체지의 도를 아직 원만히 이루지 못한 까닭이다. 이것이 다섯째 갈음이 없는 머무름이다.

보살마하살이 일체 겁이 모두 겁이

아님을 알지만 진실로 일체 겁의 수효를 설한다. 이것이 여섯째 같음이 없는 머무름이다.

보살마하살이 일체 법에 모두 지을 바가 없음을 알지만 도를 지어 모든 부처님 법 구하기를 버리지 않는다. 이것이 일곱째 같음이 없는 머무름이다.

보살마하살이 삼계는 오직 마음뿐이며 삼세가 오직 마음뿐임을 알지만, 그 마음이 한량없고 가없음을 분명히 안다. 이것이 여덟째 같음이 없는 머무름이다.

보살마하살이 한 중생을 위하여 말할 수 없는 겁에 보살행을 행하여 일체지의 지위에 편안히 머무르게 하려 한다. 한 중생을 위하는 것과 같이 일체 중생을 위해서도 모두 또한 이와 같이 하되 피로해하거나 싫어하지 않는다. 이것이 아홉째 갈음이 없는 머무름이다.

보살마하살이 비록 수행은 원만하나 보리를 증득하지 않으니, 왜냐하면 보살이 이와 같은 생각을 하기를

'내가 짓는 바는 본래 중생을 위함이다. 그러므로 내가 마땅히 오래 생사에 있으면서 방편으로 이익하게 하여 모두 위없는 부처님의 도에 편안히 머무르게 하리라.'고 한다. 이것이 열째 갈음이 없는 머무름이다.

불자들이여, 이것이 보살마하살의 열 가지 갈음이 없는 머무름이다. 만약 모든 보살들이 그 가운데 편안히 머무르면 곧 위없는 큰 지혜의 일체 부처님 법에서 갈음이 없는 머무름을 얻는다."

〈대방광불화엄경 제54권〉

회
향
송

아차보현수승행
무변승복개회향
보원침익제중생
속왕무량광불찰

시방삼세일체불
제존보살마하살
마하반야바라밀

我此普賢殊勝行
無邊勝福皆迴向
普願沈溺諸眾生
速往無量光佛剎

十方三世一切佛
諸尊菩薩摩訶薩
摩訶般若波羅蜜

大方廣佛華嚴經 ─ 부록

•

대방광불화엄경 목차

•

간행사

대방광불화엄경
목차

간 행 사

　귀의삼보 하옵고,

　『대방광불화엄경』의 수지 독송과 유통을 발원하면서 수미정사 불전연구원에
서『독송본 한문·한글역 대방광불화엄경』과『사경본 한글역 대방광불화엄경』
을 편찬하여 간행하게 되었습니다.

　『화엄경』은 우리나라에 전래된 이래 일찍부터 사경되고 주석·강설되어 왔으
며 근현대에 이르러서는『화엄경』의 한글 번역과 연구도 부쩍 많이 이루어졌습
니다. 그만큼『화엄경』이 우리 불자님들의 신행과 해탈에 큰 의지처가 되었던
것임을 알 수 있습니다.

　『화엄경』을 독송하고 사경하는 공덕은 설법 공덕과 함께 크게 강조되어 왔
습니다. 그리하여 수미정사 불전연구원에서도『화엄경』(80권)을 독송하고 사경
하는 데 도움이 되도록 한문 원문과 한글역을 함께 수록한 독송본과 한글역
의 사경본『화엄경』간행불사를 발원하였습니다. 이『화엄경』간행불사에 뜻을
같이하여 적극 후원해주신 스님들과 재가 불자님들께 깊이 감사드립니다. 또한
『화엄경』을 수지 독송할 수 있도록 경책의 모습으로 장엄해 주신 편집위원들과
담앤북스 출판사 관계자들께도 고마움을 표합니다.

　끝으로 이 불사의 원만 회향으로『화엄경』이 널리 유통되고, 온 법계에 부처
님의 가피가 충만하시길 기원드립니다.

　나무 대방광불화엄경

불기 2564년 '부처님오신날'을 봉축하며
수미해주 합장

위태천신(동진보살)

수미해주 須彌海住

호거산 운문사에서 성관 스님을 은사로 출가, 석암 대화상을 계사로 사미니계 수계, 월하 전계사를 계사로 비구니계 수계, 계룡산 동학사 전문강원 졸업, 동국대학교 불교대학 및 동 대학원 졸업, 철학박사, 가산지관 대종사에게서 전강, 동국대학교 불교대학 교수, 동학승가대학 학장 및 화엄학림 학림장, 중앙승가대학교 법인이사 역임.

(현) 수미정사 주지, 동국대학교 명예교수.

저·역서로『의상화엄사상사연구』,『화엄의 세계』,『정선 원효』,『정선 화엄1』,『정선 지눌』,『법계도기총수록』,『해주스님의 법성게 강설』등 다수.

사경본 한글역

대방광불화엄경 제54권

| 초판 1쇄 발행_ 2025년 3월 24일

| 엮 은 이_ 수미해주
| 엮 은 곳_ 수미정사 불전연구원
| 편집위원_ 해주 수정 경진 선초 정천 석도 박보람 최원섭
| 편 집 보_ 무이 무진 지욱 혜명

| 펴 낸 이_ 오세룡
| 펴 낸 곳_ 담앤북스
　　　　　서울특별시 종로구 새문안로3길 23 경희궁의 아침 4단지 805호
　　　　　대표전화 02)765-1251　전자우편 dhamenbooks@naver.com
　　　　　출판등록 제300-2011-115호
| ISBN_ 979-11-6201-530-8　04220

정가 10,000원
ⓒ 수미해주 2025